O sujeito do
conhecimento

# O sujeito do conhecimento
Érico Andrade

**FILOSOFIAS: O PRAZER DO PENSAR**
Coleção dirigida por
Marilena Chaui e Juvenal Savian Filho

*wmf* **martinsfontes**
São Paulo 2012

*Copyright © 2012, Editora WMF Martins Fontes Ltda.,
São Paulo, para a presente edição.*

**1ª edição** 2012

**Acompanhamento editorial**
*Helena Guimarães Bittencourt*
**Revisões gráficas**
*Letícia Braun*
*Otacílio Nunes*
**Edição de arte**
*Katia Harumi Terasaka*
**Produção gráfica**
*Geraldo Alves*
**Paginação**
*Moacir Katsumi Matsusaki*

**Dados Internacionais de Catalogação na Publicação (CIP)**
**(Câmara Brasileira do Livro, SP, Brasil)**

Andrade, Érico
 O sujeito do conhecimento / Érico Andrade. – São Paulo :
Editora WMF Martins Fontes, 2012. – (Filosofias : o prazer do
pensar / dirigida por Marilena Chaui e Juvenal Savian Filho)

 ISBN 978-85-7827-543-3

 1. Conhecimento humano 2. Filosofia I. Chaui, Marilena. II.
Savian Filho, Juvenal. III. Título. IV. Série.

12-01369                                                                                    CDD-120

**Índices para catálogo sistemático:**
1. Sujeito do conhecimento : Epistemologia : Filosofia   120

*Todos os direitos desta edição reservados à*
***Editora WMF Martins Fontes Ltda.***
*Rua Prof. Laerte Ramos de Carvalho, 133  01325.030  São Paulo  SP  Brasil*
*Tel. (11) 3293.8150  Fax (11) 3101.1042*
*e-mail: info@wmfmartinsfontes.com.br  http://www.wmfmartinsfontes.com.br*

# SUMÁRIO

*Apresentação* • 7
*Introdução* • 9

1 "Eu sou, eu existo": mas quem sou eu que penso? • 15
2 A diferença da repetição: o eu como feixe de múltiplas representações • 24
3 O tribunal da razão: os limites do sujeito do conhecimento • 32
4 De volta à consciência: o projeto fenomenológico e a reconstituição do sujeito do conhecimento • 41
5 "A linguagem é o meu mundo" • 48
6 Conclusão • 59

*Ouvindo os textos* • 63
*Exercitando a reflexão* • 66
*Dicas de viagem* • 70
*Leituras recomendadas* • 75

# APRESENTAÇÃO
*Marilena Chaui e Juvenal Savian Filho*

O exercício do pensamento é algo muito prazeroso, e é com essa convicção que convidamos você a viajar conosco pelas reflexões de cada um dos volumes da coleção *Filosofias: o prazer do pensar*.

Atualmente, fala-se sempre que os exercícios físicos dão muito prazer. Quando o corpo está bem treinado, ele não apenas se sente bem com os exercícios, mas tem necessidade de continuar a repeti-los sempre. Nossa experiência é a mesma com o pensamento: uma vez habituados a refletir, nossa mente tem prazer em exercitar-se e quer expandir-se sempre mais. E com a vantagem de que o pensamento não é apenas uma atividade mental, mas envolve também o corpo. É o ser humano inteiro que reflete e tem o prazer do pensamento!

Essa é a experiência que desejamos partilhar com nossos leitores. Cada um dos volumes desta coleção foi concebido para auxiliá-lo a exercitar o seu pensar. Os temas foram cuidadosamente selecionados para abordar os tópicos mais importantes da reflexão filosófica atual, sempre conectados com a história do pensamento.

Assim, a coleção destina-se tanto àqueles que desejam iniciar-se nos caminhos das diferentes filosofias como àqueles que já estão habituados a eles e querem continuar o exercício da reflexão. E falamos de "filosofias", no plural, pois não há apenas uma forma de pensamento. Pelo contrário, há um caleidoscópio de cores filosóficas muito diferentes e intensas.

Ao mesmo tempo, esses volumes são também um material rico para o uso de professores e estudantes de Filosofia, pois estão inteiramente de acordo com as orientações curriculares do Ministério da Educação para o Ensino Médio e com as expectativas dos cursos básicos de Filosofia para as faculdades brasileiras. Os autores são especialistas reconhecidos em suas áreas, criativos e perspicazes, inteiramente preparados para os objetivos dessa viagem pelo país multifacetado das filosofias.

Seja bem-vindo e boa viagem!

# INTRODUÇÃO
## Podemos conhecer a extensão de nosso conhecimento?

O conhecimento permitiu aos humanos conquistar o espaço, os céus, os mares e a terra. Conseguimos viajar para todos esses lugares, ultrapassando nossos limites fisiológicos. Mesmo sem conseguir respirar no mar e na Lua, somos capazes, por exemplo, de explorar esses dois ambientes. Graças à ciência, foi possível promover grande domínio da Natureza e uma exploração de ambientes muitas vezes hostis à presença humana. Desse modo, é perfeitamente possível dizer que o conhecimento humano terminou sendo a maior ferramenta de nossa adaptação ao mundo. Em termos evolutivos, é legítimo dizer, ainda, que a ciência é nosso maior trunfo diante de nossas limitações motoras e físicas. Não obstante esse incrível sucesso de nosso conhecimento – sobretudo do conhecimento científico –, estamos autorizados a perguntar: podemos conhecer qualquer coisa? Não existiria nenhum limite para o conhecimento humano?

O conhecimento humano é aparentemente tão extenso, que somos convidados a indagar se ele tem algum limite ou se ele pode promover um domínio completo da Natureza. Seríamos capazes de desvendar qualquer mistério ou pode haver algum segredo na Natureza, inacessível aos humanos? Tudo é questão de tempo, ou melhor, a ciência, com o passar das eras, irá explicar todas as nossas dúvidas? Essas questões podem ser expressas em uma só pergunta: os homens podem saber ou conhecer a medida do seu próprio conhecimento?

O tema do conhecimento atravessa toda a história da Filosofia. No entanto, ele ganha uma feição particular quando é pensado sob a ótica da natureza do agente do conhecimento, como ocorre sobretudo a partir da Modernidade (séculos XVI, XVII e XVIII). Curiosamente, o saber filosófico foi aos poucos abandonando a questão sobre a existência ou não de alguma coisa ou objeto que escape ao conhecimento humano, pois, se soubéssemos que algo não pode ser conhecido, isso implicaria a contradição de já se ter algum conhecimento sobre esse algo ao sabermos que ele existe e que não pode ser conhecido! Nesse sentido, muitos filósofos da Modernidade adotaram uma nova perspectiva de investigação, procurando saber se, independentemente da natureza do objeto que desejamos conhecer, podemos aspirar a um conhecimento certo e seguro. Assim, a pergunta não se concentra mais sobre o objeto do conhecimento, mas se volta para o agente, isto é, para a própria condição humana, vista sob a ótica da atividade do conhecimento. Buscava-se, assim, averiguar se não é nos limites cognitivos humanos que repousam as fronteiras disso que chamamos de conhecimento.

Para esclarecer esse problema, alguns filósofos modernos elaboram o conceito de "sujeito do conhecimento". Como não se trata de discutir, em Filosofia, as condições cognitivas de cada indivíduo em particular (cuja variação é enorme e não poderia ser captada conceitualmente), a noção de sujeito é introduzida no intuito de fomentar um modelo teórico que possa explicar a produção do conhecimento humano, realizado concretamente por todo indivíduo em particular. A partir da Modernidade, então, fala-se de "sujeito do conhecimento", mas não para designar nenhum sujeito em particular, e sim o conhecimento humano de modo geral.

Dito de outra maneira, o sujeito do conhecimento é um conceito filosófico que denota o aspecto totalizante e sintético do conhecimento humano. "Totalizante" porque todo conhecimento é conhecimento humano, ou seja, porque nossas categorias cognitivas "subjazem" a todas as representações que fazemos do mundo (aliás, a origem latina do termo "sujeito" – *subjectum* – exprime a noção de algo "posto sob", "subjacente", "suporte"); e "sintético", porque diante de tantas e tão diferentes representações do mundo, podemos formular conceitos que as unificam numa única categoria. Não precisamos, por exemplo, ao falar sobre algo particular, ter um conceito preciso deste algo, como se tivéssemos um conceito para cada coisa particular de uma espécie determinada. Imaginemos como seria nossa atividade cognitiva se tivéssemos uma palavra para cada coisa especificamente, para cada grão de areia ou estrela do universo, por exemplo: teríamos um vocabulário tão grande, que nosso diálogo se tornaria impossível! Assim, graças à capacidade humana de sintetizar as informações que temos do mundo, formando conceitos aplicáveis a diferentes indivíduos de uma mesma espécie, podemos falar por meio de símbolos que aplicamos às classes de indivíduos. Podemos, por exemplo, usar o conceito de ser humano para designar a classe de "objetos" que têm a propriedade de ser racional.

O sujeito do conhecimento realiza, assim, a síntese do conhecimento e determina a totalidade do que pode ser conhecido. Ele apresenta um caminho para investigarmos os limites do conhecimento humano. Mas apenas um caminho, pois precisamos saber ainda quem é esse sujeito que conhece, como ele conhece e o que ele pode conhecer.

# 1. "Eu sou, eu existo": mas quem sou eu que penso?

Embora René Descartes (1596-1650) nunca tenha usado o termo "sujeito" para denotar o agente do conhecimento, os filósofos normalmente lhe atribuem a patente do termo. Na verdade, Descartes usou a expressão latina *res cogitans* (coisa pensante) para designar a centralidade do pensamento que "subjaz" a todas as nossas representações do mundo. O pensamento seria algo perene (uma "substância", *subjectum*) que serve de substrato ou solo para toda representação que fazemos do mundo. Por isso, Descartes dirá que, na procura da verdade, o primeiro passo é reconhecer a centralidade do pensamento. Ele fará isso recorrendo ao método de inspiração matemática, pois, para ele, a Filosofia pode encontrar na Matemática boas ferramentas para a argumentação. Com o auxílio de seu próprio método, Descartes irá introduzir o tema do sujeito do conhecimento na história da Filosofia.

# 1. O pensamento e seus limites: o sujeito do conhecimento pode estar sempre enganado a respeito de sua própria existência?

Na história da Filosofia, é comum o uso de argumentos contrafactuais, uma espécie de argumento que apela para uma ficção, ou seja, uma situação ou fato irreal que, entretanto, serve para levarmos um raciocínio às últimas consequências. Trata-se, aqui, de uma forma de hipótese. Nesse sentido, Descartes introduz o tema do sujeito do conhecimento recorrendo à figura de um deus enganador ou gênio maligno que se investe da capacidade de tornar incertos os conhecimentos humanos mais seguros.

Imaginemos, então, uma criatura cujo objetivo fosse o de nos enganar sempre. Descartes tomou como hipótese a existência dessa criatura que embotaria nossos olhos para a verdade, tornando incertas as nossas convicções mais primárias. Podemos atualizar a hipótese cartesiana imaginando a existência de um *chip* inserido em nosso cérebro e que sempre nos conduzisse ao erro. Estaríamos condenados à completa falta de certeza caso essa criatura ou esse *chip* existissem?

O gênio maligno serve, entre outras coisas, para o propósito cartesiano de traçar um perfil crítico do conhecimento produzido em sua época. Com esse recurso, Descartes consegue, num só golpe, suspender todo conhecimento produzido até então, tomando-o provisoriamente como falso. Tudo seria, assim, passível de dúvida, ou seja, poderia ser falso; afinal, se o objetivo de Descartes – como ele mesmo diz em seu célebre texto *Meditações metafísicas* – era de refundamentar o conhecimento em novos alicerces, então, o ato de pôr em dúvida todo conhecimento produzido até sua época era, de fato, um importante passo.

A radicalidade da dúvida que torna incerto tudo aquilo que ela toca pode, no entanto, ser uma espécie de antídoto contra a incerteza, mas sua dosagem é capaz de se tornar um veneno, pois o risco de duvidar de tudo é o de não construir mais nada de certo. Poderíamos ficar definitivamente paralisados pela dúvida!

## 2. Eu sou, eu existo, desde que eu pense que existo

Descartes tem plena consciência do perigo de sua dúvida radical, e procura encontrar, então, uma certeza proporcional à radicalidade dessa dúvida; uma certeza que seja válida em qualquer contexto, ou seja, uma certeza absoluta. A vantagem do argumento que emprega uma hipótese contrafactual é que ele pode servir não apenas para ficções ou situações puramente hipotéticas, mas também para a situação real ou factual na qual estamos inseridos. Em outras palavras, ele serve para demonstrar uma verdade cuja validade não é restrita a uma situação, momento ou lugar. Essa forma de argumento é capaz de apresentar uma verdade imune a qualquer suposição ou hipótese; uma verdade tão absoluta, que nenhuma suposição ou hipótese filosófica poderia torná-la falsa, seja qual for seu momento ou contexto. Trata-se, aqui, como dizem os filósofos, de uma verdade válida em qualquer "mundo possível" (imaginário ou existente). Descartes aspira a essa verdade.

Do ponto de vista lógico-matemático, o raciocínio cartesiano obedece a uma forma muito comum, a saber, redução ao absurdo (*reductio ad absurdum*). O reconhecimento de que o método correto em qualquer investigação é de natureza lógico-matemática serve de subsídio para a leitura do argumento proposto nas

*Meditações*. Por um lado, Descartes pretende estabelecer uma verdade que não seja derivada de nenhuma outra; afinal, tudo foi posto em dúvida. Por outro lado, a única forma de demonstrar algo absolutamente necessário e certo é supor, como fazem os lógicos e matemáticos, que esse algo poderia ser falso, para, enfim, mostrar que essa suposição de falsidade é absurda. Assim, se Descartes quer dizer que existe algo do qual não podemos duvidar, ele deve demonstrar que, se consideramos falsa a existência desse algo, incorreremos necessariamente em contradição.

É nesse sentido que Descartes propõe, no quarto parágrafo da segunda *Meditação*, a seguinte pergunta: "eu poderia não existir?". Ou seja, o gênio maligno poderia fazer com que eu ache que exista, quando, na verdade, eu não existo?

O raciocínio que move a reflexão de Descartes nas *Meditações* consiste em mostrar que, se concebo que não existo, incorro na seguinte contradição: eu penso, dado que concebo ou penso que não existo, ao passo que eu não deveria pensar caso de fato não existisse. Ora, isso é uma flagrante contradição! Assim, usando o método da redução ao absurdo, tenho a convicção absoluta de que o enunciado "eu não existo" é absurdo, porque implica contradição. Desse modo, todas as vezes em que eu afirmo ou concebo em meu pensamento que "eu sou, eu existo", tenho certeza absoluta de que existo, pois supor que não existo é uma contradição e, portanto, absurdo.

Ainda que nas *Meditações metafísicas* não encontremos a célebre frase "penso, logo existo" (frase que está na obra intitulada *Discurso do método*), Descartes mantém a convicção de que o pensamento humano é condição suficiente e necessária para provar a existência do ser pensante. Assim, é pelo pensamento que temos a certeza absoluta de que existimos. Nenhuma criatura poderia dissuadir-nos dessa certeza, nem mesmo considerando a hipótese de um gênio maligno ou um *chip* implantado em nosso cérebro, pois nenhuma atividade do pensamento serve como prova de que não existimos. O pensamento, assim, tem uma validade própria, independente do objeto sobre o qual ele se debruça.

Podemos dizer, ainda, que o pensamento é independente do corpo, pois, ainda que eu seja um sonho ou um efeito de programa de computador, tenho a convicção de que, por pensar, eu sou, e de que as propriedades do meu pensamento (indivisibilidade, por exemplo) não são aplicáveis à matéria ou ao meu corpo, nem dependem do corpo para serem propriedades do meu pensamento. A prova da minha existência não implica, portanto, a prova de que tenho um corpo.

Na demonstração da existência do "eu pensante" ou do *cogito* ("eu penso", em latim), Descartes sublinha que o pensamento permanece sempre como condição para toda reflexão. Ele é, portanto, algo (*res cogitans*) que desempenha função central em todas as nossas reflexões e cuja validade não depende de nenhuma outra coisa. Mas o que é o pensamento?

## 3. Diferença e repetição: os diversos modos do pensamento e a unidade da consciência

Ao elaborar uma reflexão sobre a natureza racional do ser humano, René Descartes termina por dar um passo decisivo em direção ao tema da consciência, porque todos os diversos modos do pensamento ou do sujeito do conhecimento (o querer, o afirmar, o duvidar, o sentir etc.) só podem ser reconhecidos como tais se houver um princípio que os unifique. Dito de outra maneira, só podemos falar de diversidade do pensamento quando reconhecemos algo em comum nessa diversidade, possibilitando dizer que se trata sempre do pensamento, e não de atos mentais desconexos e isolados.

A consciência de que pensamos parece desempenhar um papel central para o propósito de circunscrever as diferentes manifestações do pensamento num mesmo "lugar". O pensamento e seus modos só podem ser reconhecidos como tais porque vemos que eles são diferentes atos mentais de uma mesma consciência. Assim, se sei que desejo, afirmo, duvido ou sinto algo, é porque sou consciente de que essas atividades são atividades do meu pensamento. Tenho, portanto, consciência de que sou eu que dirijo meu pensamento para alguma coisa, seja essa coisa imaginária ou real.

Descartes chega à conclusão de que o sujeito do conhecimento é a representação mais nítida dos limites do conhecimento, pois a razão ou o pensamento ilumina todas as representações que fazemos do mundo. Desse modo, o pensamento seria o limite do conhecimento. No entanto, permanece aberta uma questão: como o sujeito do conhecimento tem consciência do pensamento? Ou, ainda, como o sujeito do conhecimento tem acesso à consciência de si mesmo?

## 2. A diferença da repetição: o eu como feixe de múltiplas representações

O pensamento cartesiano influenciou uma gama considerável de filósofos, entusiasmando parte deles com a ideia de que a razão humana ou o sujeito do conhecimento pode conhecer plenamente a Natureza. Todavia, o pensamento cartesiano não ficou incólume à crítica. Com efeito, uma tradição se formava no outro lado do Canal da Mancha, em oposição à soberania e à autonomia da razão ou do pensamento. Tratava-se do empirismo inglês.

Para essa corrente filosófica, o sujeito do conhecimento não é puro pensamento, pois todo conhecimento deriva da experiência empírica e está subordinado a ela. Nesse sentido, os empiristas proporão uma nova configuração do sujeito do conhecimento, mais próxima do corpo (os cinco sentidos) do que da alma (razão).

Descartes tinha consciência de que o conhecimento pleno e irrestrito da Natureza precisava da experiência empírica. No entanto, ele parecia acreditar de fato que era possível conhecer o sujeito do conhecimento apenas apelando para uma reflexão introspectiva da consciência, sem a mediação dos cinco sentidos. A reação a essa postura cartesiana será intensa.

## 1. A imanência da experiência e o vazio da razão

Desde Thomas Hobbes (1588-1679), os empiristas estavam convictos de que a alma não poderia ser a correta expressão do sujeito do conhecimento. Em longa correspondência, Hobbes teve a oportunidade de criticar Descartes quanto à tese de que o sujeito do conhecimento seria apenas uma "coisa pensante".

Hobbes adverte que o pensamento está subordinado aos dados advindos de nossa percepção sensível. O pensamento não pode imaginar ou criar nada que não esteja dado, de algum modo, na percepção sensível. As percepções do sujeito, por seu turno, sempre se referem aos objetos dados na sensibilidade. Desse modo, sem as percepções oriundas da sensibilidade não se poderia enunciar o pensamento, muito menos compreendê-lo, pois o pensamento só pode se referir a elas. Seria vazio um pensamento que não se referisse às percepções sensíveis do mundo.

Caso o pensamento não remetesse às percepções oriundas da sensibilidade, poder-se-ia supor que ele remete a si mesmo, como parece ser o caso da consciência. Assim, teríamos consciência de que pensamos. No entanto, como ter certeza, pergunta Hobbes, de que se pensa? Um cartesiano responderia: "Pensando!" Mas, argumenta Hobbes, essa resposta não é suficiente, pois, para saber que pensa, o sujeito do conhecimento tem de saber que sabe que pensa. Mas a dificuldade está justamente em como saber que se sabe que se pensa.

Essa pergunta parece indicar que o raciocínio cartesiano termina por desembocar numa "regressão ao infinito" (uma série infinita de possibilidades), pois, para saber que penso, tenho de saber que sei que penso; e assim por diante. Ou seja, nunca saberemos o momento de parar com essa série de asserções. Quando um raciocínio filosófico dá margem a uma séria infinita de possibilidades, dizemos que ele incorre numa regressão ao infinito e, consequentemente, não é válido, pois, diante de dada confirmação, uma outra é sempre requerida para confirmá-la, seguindo assim infinitamente. O sujeito do conhecimento ou o *cogito* ("eu penso") cartesiano é, para Hobbes, um sujeito imaginário, fruto, portanto, da nossa incapacidade de conceber um pensamento sem um pensador que pensa. No máximo, ele seria um emaranhado de percepções.

As críticas a Descartes não terminam com o pensamento hobbesiano. A ênfase na sensibilidade como elemento constituinte do conhecimento fez com que John Locke (1632-1704) retomasse uma das mais célebres frases da literatura filosófica sobre a mente: "a mente humana é uma *tabula rasa*". Com a imagem da *tabula rasa*, ou seja, de uma "tábua lisa" ou uma "lousa limpa", Locke pretendia dizer que nossas experiências sensíveis inscrevem dados em nossa mente, assim como ocorre quando escrevemos numa tábua ou numa lousa. Retomando essa imagem de autores tradicionalmente considerados "empiristas" – como Aristóteles (384 a.C.-322 a.C.) e Tomás de Aquino (1225-1274), por exemplo –, Locke critica a tese de que seria possível produzir algum conhecimento sem a influência da sensibilidade. Defendia que nenhum conhecimento é inato; o sujeito do conhecimento só passa a existir como tal quando os humanos registram as percepções sensíveis.

Dessa perspectiva, nenhum conhecimento nasceria com o sujeito. O "vazio" da mente só poderia ser preenchido pelos dados fornecidos pela sensibilidade. Com isso, Locke pretendeu derrubar a tese cartesiana de que a consciência pode reconhecer o sujeito do conhecimento sem o intermédio da sensibilidade, que seria suspensa pelo argumento da dúvida radical ou do gênio enganador. O pensamento sozinho não produziria nenhum conhecimento, nem mesmo o conhecimento de si próprio.

Dos empiristas, a postura mais radical é a de David Hume (1711-1776), que, no afã de criticar a autonomia do sujeito do conhecimento proposta pelo modelo cartesiano, pretendeu sepultar a ideia de que existe um sujeito do conhecimento. Os empiristas questionaram, de modo geral, a tese cartesiana de que uma reflexão da razão (um "dobrar-se" dela sobre si mesma), sem o intermédio da sensibilidade, serviria de alicerce para a determinação de um sujeito do conhecimento. Com efeito, Hume pretendeu ir além, ao perguntar se é, de fato, possível estabelecer uma unidade mínima diante dos múltiplos feixes de sensações aos quais estamos submetidos. Em outras palavras, a questão central de Hume consiste em entender se é possível reconhecer uma unidade do pensamento, fundada na consciência, diante da diversidade das sensações que nos afetam.

Os argumentos humianos são elaborados, em geral, de maneira negativa, procurando mostrar os inconvenientes da postura cartesiana. Para tanto, ele destaca uma tese, já corrente entre alguns empiristas, de que a relação de causa e efeito não expressa uma verdade intrínseca ao comportamento das coisas, pois, na experiência, não haveria nenhuma garantia de que, para certo efeito, tem-se uma causa correspondente. O fato de nos habituarmos, por exemplo, a ver o alvorecer todos os dias não implica que o sol necessariamente continuará nascendo a cada novo dia, mas apenas que somos habituados a vê-lo nascer todos os dias. A Natureza, assim, não depende da minha vontade, de sorte que não posso afirmar com certeza absoluta que ela se repete, nem muito menos que há uma relação de causa e efeito intrínseca a ela.

Outra importante observação de Hume consiste em dizer que as sensações, componentes de nossa única forma de acesso ao mundo, são singulares e ocorrem uma só vez no tempo. Ou seja, tudo que eu sinto a cada instante seria irrepetível. No máximo, posso lembrar-me, continua Hume, do que senti, mas não posso reproduzir mentalmente a sensação que tive em certo instante. Assim, por um lado, nunca é possível repetir mentalmente uma sensação, pois há uma desproporção estrutural entre a intensidade da sensação e a ideia que fazemos dela. Por outro, não temos nenhuma garantia de que um fenômeno possa repetir-se. Por conseguinte, nada garante um padrão absoluto para a ocorrência de qualquer fenômeno.

Diante do turbilhão de diferentes e singulares percepções que temos do mundo, resta a pergunta relativa à possibilidade de uma unidade da consciência. Hume dissolve a ideia de uma consciência como estrutura fundamental do sujeito do conhecimento, argumentando que o eu ou o sujeito é um feixe de múltiplas e distintas sensações. Assim, se o pensamento só se refere aos objetos dados na sensibilidade – clássica tese empirista –, ele não pode referir-se a si mesmo. Como o que é dado na sensibilidade não pode ser repetido pela mente de forma fidedigna, e como não há nenhuma garantia de que nossa experiência do mundo possa sempre se repetir, então nada indica que alguma coisa permaneça ou se repita diante da multiplicidade de sensações às quais estamos submetidos. Nesse sentido, não existiria um sujeito do conhecimento. Esse sujeito, dirá ironicamente Hume, só poderia existir na cabeça de alguém que estivesse propenso a acreditar em verdades que não podem ser demonstradas pela experiência sensível. Um metafísico acostumado a acreditar em coisas extravagantes seria a única pessoa disposta a negar essa certeza empírica.

Com Hume, o empirismo toma o sujeito como a representação dos limites do conhecimento, porque nele seria possível ver a origem e o destino de todo o conhecimento: a experiência sensível, sempre mutável e irrepetível.

## 3. O tribunal da razão: os limites do sujeito do conhecimento

Para os empiristas, o sujeito do conhecimento não poderia ser definido por meio de uma atividade puramente racional como uma espécie de análise da consciência. A experiência sensível seria a fonte e o limite do conhecimento, de modo que o sujeito seria o sujeito empírico.

Resgatando, porém, o ideal cartesiano de um conhecimento seguro e absoluto que não estivesse subordinado à instabilidade da experiência, Immanuel Kant (1724-1804) dialogará com os empiristas a respeito do conceito de experiência. Para Kant, a experiência não é apenas uma simples afecção produzida pelas coisas sensíveis na mente, ou uma simples percepção sensível do mundo, como acreditavam os empiristas. Ele concordará que essa afecção, de fato, é sempre variável, mas apontará para o fato de que a experiência detém algo de constante, pois ela ocorre sempre no espaço e no tempo, ambos relativos ao homem.

Nesse sentido, nossa percepção não copiaria a coisa, mas filtraria todos os fenômenos ou aparições dos objetos no espaço e no tempo, os quais compõem juntos a estrutura da sensibilidade humana. Supondo essa estrutura rígida e fixa, cujo referencial é o próprio ser humano, podemos falar de certeza, ao passo que o que a coisa é, do ponto de vista dela mesma, seria algo a respeito do qual só podemos tecer especulações, mas nunca ter conhecimento certo. O ponto de vista humano, o da experiência humana, seria inalienável no processo do conhecimento.

## 1. Saindo do vazio da consciência: razão e sensibilidade no sujeito do conhecimento

Kant acredita que os empiristas têm razão ao dizer que todo conhecimento começa pela experiência. No entanto, ele aponta para o fato de que o conhecimento não "deriva" da experiência, pois dizer isso significaria tomar o sujeito do conhecimento como um receptáculo passivo de afecções. Mas o sujeito do conhecimento não deriva da experiência todas as informações relativas à Natureza, pois a própria afecção ou percepção sensível revela uma estrutura humana que é a forma da sensibilidade. Assim, toda ocorrência de um fenômeno está situada no espaço e no tempo, que seriam intuições (visões antecipadas e imediatas) ou formas da sensibilidade, formatando a própria experiência segundo uma estrutura predeterminada (chamada justamente de "espaçotemporal").

Assim, todos os fenômenos externos ao ser humano ou ao sujeito do conhecimento ocorrem no espaço e no tempo, ao passo que todos os fenômenos que ocorrem internamente ao sujeito do conhecimento (nossas sensações e emoções) ocorrem no tempo. Por isso, Kant dirá que o espaço é lugar do sentido externo (ele é condição de possibilidade para a "aparição" à mente de coisas que são externas ao sujeito); o tempo, por outro lado, a condição de possibilidade para a "aparição" das coisas tanto interna quanto externamente: tudo ocorre num certo tempo (o tempo seria o sentido interno).

O espaço e o tempo comporiam, assim, as condições necessárias para que tenhamos experiência do mundo. Obviamente, eles não compõem as condições suficientes, pois é necessária (Kant concorda com os empiristas) a contrapartida do mundo. Os fenômenos ou "aparições" das coisas são necessários para que tenhamos qualquer experiência sensível. A capacidade de circunscrever os fenômenos no espaço e no tempo significaria apenas que sentimos os fenômenos em uma estrutura formal; não que os conhecemos. Para a efetivação do conhecimento é preciso ainda processar as informações advindas da sensibilidade.

## 2. As categorias do sujeito e a construção do mundo

De acordo com Kant, se o sujeito do conhecimento tivesse apenas intuições dos fenômenos, isto é, percepções determinadas espacial e temporalmente, ele não produziria conhecimento algum. A sensibilidade, quando afetada, revela uma estrutura prévia que formata no espaço e no tempo o objeto que a afeta; no entanto, ela é incapaz de dizer o que a afeta. Para a tarefa de conceituar e classificar os objetos das sensações é necessária uma outra faculdade (capacidade). Essa faculdade deve ser dotada de categorias que sintetizem as percepções e garantam o entendimento delas. Assim, segundo Kant, o conhecimento segue uma dupla via: intuições e conceitos. Na sua célebre obra intitulada *Crítica da razão pura*, Kant deixa nítida essa descrição da natureza do conhecimento: "conceitos sem intuições são vazios; intuições sem conceitos são cegas".

A faculdade responsável pela produção de conceitos é o entendimento. Ele é provido de categorias ou conceitos puros que se aplicam aos dados fornecidos pela sensibilidade. Kant identifica doze categorias do entendimento, dispostas em quatro grupos, cada um dos quais com três categorias ou conceitos puros do entendimento. Esse número não é arbitrário, pois Kant despende um grande esforço para deduzir essas categorias a partir dos juízos ou asserções que fazemos sobre a experiência. A diversidade de juízos, por sua vez, está subordinada às determinações categoriais do entendimento. Por isso, há uma correspondência biunívoca entre o número de juízos e o número de categorias. A razão dessa correspondência vem da constatação de que os juízos encerram ligações entre conceitos cuja operacionalidade ou síntese depende das categorias do entendimento. Não poderíamos, por exemplo, afirmar que "algo é universal", se não soubéssemos que o conceito de "universal" pressupõe o conceito de "totalidade". Assim, quando faço o seguinte juízo: "Todos os humanos são mortais", estou dizendo que a "totalidade" dos humanos é mortal. Só posso fazer juízos universais (que envolvem o termo "todo") porque tenho uma categoria de "totalidade".

O sujeito do conhecimento, em Kant, coincide com o que ele chama de "sujeito transcendental". O termo "transcendental" (retomado da tradição escolástica) denota, no interior do pensamento kantiano, o modo pelo qual o sujeito conhece. Esse termo não tem nenhuma relação com o uso que fazemos dele para denotar algo que está para além de certa realidade, pois o transcendental indica, aqui, a realização do processo do conhecimento no interior do sujeito. Essa estrutura transcendental está amparada pela sensibilidade (intuições *a priori* do espaço e do tempo) e pelo entendimento (categorias). No entanto, resta saber como o entendimento se liga à sensibilidade para produzir conceitos empíricos.

## 3. Regras para a construção dos conceitos empíricos

O sujeito transcendental lança mão ainda de outra faculdade: a imaginação, que tem a função de ligar o entendimento à sensibilidade. Não se trata, aqui, da imaginação como uma faculdade subordinada à experiência (imaginação empírica). Kant reporta-se à imaginação transcendental ou à imaginação relativa à faculdade produtora de esquemas que sintetizam e organizam os dados da sensibilidade por meio da aplicação correta das categorias.

O esquema não é, desse modo, uma imagem. O esquema de cachorro, adverte Kant, não é a imagem do cachorro. O esquema é uma regra de construção de objetos. O sujeito do conhecimento tem a capacidade de aplicar regras aos dados da sensibilidade, organizando-os na forma de conceitos empíricos. Por conseguinte, ele tem a capacidade de formular regras que nos ajudem a identificar o objeto dado na sensibilidade. O esquema representa uma característica essencial do conhecimento discutida neste livro: o poder de síntese requerido pelo conhecimento e graças ao qual podemos classificar diferentes indivíduos numa mesma classe.

Considerando que o tempo é o elemento em comum entre sensibilidade, entendimento e imaginação (toda síntese e toda aparição de objetos ocorrem no tempo), tem-se a garantia de que é possível aplicar as categorias, por meio de esquemas, aos dados da sensibilidade situados no tempo. Isso quer dizer que, considerando a imaginação transcendental como operante da síntese do conhecimento no tempo, é possível afirmar que há uma homogeneidade temporal entre as funções do entendimento e as intuições da sensibilidade. Nessa perspectiva, o conhecimento humano é certo, porque todas as faculdades que o tornam possível estão estruturadas sobre uma mesma base temporal.

Assim, a investigação sobre o conhecimento não gira mais em torno do objeto, como se fosse possível aos humanos colocar-se do ponto de vista da coisa em si mesma. A famosa "revolução copernicana" que Kant imprime à Filosofia consiste nessa radicalização do caráter humano do conhecimento, visto ser ele concebido como um processo temporal que ocorre no interior do sujeito transcendental e não mais como uma simples afecção vinda do objeto. Segundo a estrutura do sujeito transcendental, não há nenhum limite para o conhecimento; podemos conhecer tudo aquilo que está no horizonte do tempo.

Kant, no entanto, não deixa tão clara a maneira como a imaginação produz no tempo a ligação das categorias do entendimento com os dados da sensibilidade. Como se dá efetivamente essa produção de esquemas ou regras que governam o conhecimento humano? Além disso, a determinação dos limites do conhecimento na estrutura transcendental não implica conhecer os dois lados desse limite? Estabelecer um limite já não seria, de algum modo, indicar o caminho para a sua superação?

## 4. De volta à consciência: o projeto fenomenológico e a reconstituição do sujeito do conhecimento

Para Edmund Husserl (1859-1938), o sujeito do conhecimento não poderia ser pensado em virtude de uma análise que se aproximasse excessivamente da Psicologia, como começava a ocorrer no século XIX. O sujeito transcendental kantiano, talvez por instituir-se num debate tão íntimo com os empiristas, estreitou involuntariamente os laços com a Psicologia empírica. Ele foi lido pela Psicologia e em parte pela Filosofia como uma espécie de taxionomia das funções do entendimento, a qual poderia ser aprimorada e substituída pela Psicologia empírica. Para trazer de volta a investigação do sujeito do conhecimento, mas em nível filosófico, Husserl operou uma análise detalhada da consciência sem cair em uma taxionomia das nossas faculdades cognitivas. Trata-se de seguir um novo método filosófico, criado por Husserl e chamado de "fenomenologia", cujo propósito consistia em analisar a atividade da consciência, procurando desvendar a atribuição de sentido feita por nós, dando significado aos objetos de nossa experiência.

## 1. O fluxo da consciência e a compreensão da unidade do pensamento

Quando percebemos um objeto, não realizamos uma atividade isolada que delimita uma coisa no espaço e no tempo. A percepção, como constata Husserl, é um fenômeno mais complexo, pois já encerra uma rede de significados que nos permite identificar um dado objeto em meio ao contínuo fluxo de nossas vivências. Desse modo, não percebo um pássaro, que vejo e escuto cantar no café onde me encontro agora. Percebo um conjunto de "objetos" (conteúdos; objetivações) e destaco um deles quando dirijo minha atenção para ele especificamente. A percepção, assim, não é uma atividade passiva (como uma afecção entendida em sentido empirista, por exemplo), visto que ela envolve um comprometimento da consciência que se dirige para alguma coisa e identifica essa coisa numa rede de significados. A ocorrência de uma percepção remete-nos, de algum modo, à consciência.

Esse diagnóstico levou Husserl a refletir sobre o sujeito do conhecimento em função da consciência, uma vez que mesmo uma atividade aparentemente restrita aos sentidos ou à sensibilidade, como é a percepção, envolve a consciência. Aliás, qualquer atividade mental demanda uma decisão da consciência. Sempre que nos dirigimos a algo, realizamos uma atividade deliberada pela consciência, que resolve dirigir-se para esse algo. A esse direcionamento da consciência Husserl dá o nome de "intencionalidade". Nesse sentido, ele volta a Descartes, não tanto para enveredar-se nas assertivas cartesianas, já devidamente criticadas por Kant, mas para recolocar a consciência no centro do debate a respeito da natureza do conhecimento e de seu sujeito.

## 2. A redução fenomenológica: garimpando o terreno para o acesso à consciência

A complexidade da percepção repousa no inventário que ela faz dos objetos, determinando o significado de cada um deles no interior de nossa atividade consciente. Assim, independentemente da natureza do objeto conhecido, o que está em jogo é a análise da consciência no tocante à sua capacidade constitutiva de atribuir significado aos objetos da percepção. A polêmica distinção kantiana entre conhecimento da coisa do ponto de vista dela mesma (a coisa em si mesma) e conhecimento da coisa em função da estrutura transcendental do sujeito do conhecimento é diluída, porque não existe nenhuma "aparição" (fenômeno) que não seja um fenômeno da consciência. Não faz sentido pensar em algo que não esteja na consciência.

Desse modo, Husserl propõe um distanciamento da percepção, no que tange à sua dimensão sensível, para imergir no fluxo das vivências da consciência e resgatar a verdadeira síntese que subsidia o conhecimento. Esse distanciamento da atividade ordinária da percepção é apenas metodológico, porque a percepção é também consciência. Portanto, a percepção só pode ser dissociada da consciência por meio de uma atitude de "suspensão" ou "abstração" dos objetos para os quais a consciência se volta. Husserl chama esse processo de suspensão dos objetos da consciência de *epoché* ("suspensão", em grego). A função desse processo é preparar o terreno para a redução fenomenológica graças à qual podemos ter acesso à consciência, pois, como afirma Husserl, "é assim que os acontecimentos da vida psíquica dirigida para o mundo [...] tornam-se acessíveis para a descrição pura" (cf. *Meditações cartesianas*, § 15).

A redução fenomenológica promove uma volta para a consciência, por meio da "suspensão" de todos os objetos. Com isso, pode-se analisar a consciência mediante uma descrição pura ou blindada diante de qualquer interferência empírica. Não se trata, consequentemente, de entrar na seara da Psicologia, mas de desvendar a capacidade de síntese da consciência que subsidia todo conhecimento.

O objetivo da fenomenologia, assim, é mostrar como o sujeito do conhecimento doa significado aos objetos, que passam a ser interpretados como sínteses da unidade da consciência. Isto é, a fenomenologia mostra que a percepção de um objeto é uma atividade da consciência que opera, no fluxo de suas vivências, uma síntese responsável pela compreensão desse objeto como objeto da consciência.

A consciência revela um caráter intencional inscrito na atividade de determinação de uma unidade que permanece no fluxo da consciência como a identidade do objeto. Ou seja, a consciência traça o modo de perceber e concomitantemente compreender um objeto como uma unidade no fluxo de nossas vivências. Nesse sentido, a consciência é uma atividade que dá sentido aos objetos, porque permite que eles sejam tomados como uma síntese. Essa síntese é responsável pela unidade do objeto da experiência e, portanto, pela identidade desse objeto no interior da atividade da consciência.

Reconhecemos, portanto, dado objeto em nossa percepção porque o compreendemos como uma unidade que encerra uma síntese de vivências da consciência. A atenção que dirijo para o pássaro que canta no café onde estou – na medida em que sintetiza e unifica todas as informações necessárias para a compreensão desse objeto particular – revela um ato da consciência que dá sentido ao que vejo.

Resta saber, no entanto, em quais condições essa síntese do objeto operada por minha consciência é partilhada intersubjetivamente, sendo, de fato, válida para todos os indivíduos. O temor de que fiquemos aprisionados em nós mesmos – o que os filósofos chamam de "solipsismo" (dos termos latinos *solus* e *ipse*, respectivamente "só" e "mesmo") – levou a Filosofia a questionar as bases do projeto fenomenológico e a sua respectiva compreensão do sujeito do conhecimento. Se adotarmos, porém, os pontos de partida de Husserl e se concordarmos com sua maneira de retratar a atividade da consciência, veremos que é improcedente a acusação de solipsismo à sua fenomenologia. Seja como for, a preocupação com o risco do solipsismo deu origem a outras formas filosóficas de tratar o tema do conhecimento e de seu sujeito. Uma dessas formas consistirá em tirar do centro dessa investigação o tema da subjetividade e colocar em seu lugar o tema da linguagem, tal como veremos a seguir.

## 5. "A linguagem é o meu mundo"

Poucos foram os filósofos que realizaram uma grande mudança nos rumos da investigação filosófica. Ludwig Wittgenstein (1889-1951) foi capaz de promover duas revoluções. Em primeiro lugar, ele pensou o sujeito do conhecimento como uma espécie de limite da linguagem, pois o sujeito indicaria que a lógica e a linguagem são as condições formais limitadoras de nossas possibilidades de falar do mundo. "O meu mundo", diria Wittgenstein, "é modelado pela lógica e pela linguagem por meio das quais 'eu' o descrevo". Em segundo lugar, Wittgenstein percebeu que a linguagem não é apenas uma representação lógica que fazemos do mundo. A linguagem também expressa ação, regras (não necessariamente lógicas!), história e cultura. A linguagem ganharia sentido, portanto, no seu uso. Assim, o sujeito do conhecimento será completamente dissolvido em diferentes e diversos "jogos de linguagem" ou situações de fala que marcam a diversidade dos modos de usar a linguagem, que é múltipla e complexa. Assim, no seu dizer, não existiria mais apenas um sujeito, nem apenas uma linguagem. Essa postura derradeira de Wittgenstein interditaria o caminho para a compreensão de um único sujeito do conhecimento, responsável por explicar todas as formas de conhecimento.

## 1. "O mundo é tudo que é o caso"

Em plena Primeira Guerra Mundial, em meio a holofotes e trincheiras, Wittgenstein leu uma notícia de um jornal de Paris que descrevia um acidente de automóvel. O acidente era representado por figuras. Para cada objeto envolvido no acidente havia uma figura correspondente. Essas figuras eram ligadas pela mesma forma ou disposição que configurava os objetos do acidente ocorrido em Paris. Quando acaba de ler a notícia, Wittgenstein tem uma intuição que lhe perseguirá por um bom tempo: usamos a linguagem o tempo todo para representar o mundo. Essa reflexão será condensada no seu livro *Tractatus logico-philosophicus* (escrito em alemão).

No seu dizer, a linguagem tem a função de representar como as coisas estão ligadas umas com as outras. O sentido da linguagem repousa nessa capacidade de espelhar o mundo de forma lógica e concatenada. Notadamente, Wittgenstein não se refere à linguagem como uma língua particular, como português ou inglês, por exemplo. A linguagem seria uma armadura lógica ou imagem simbólica que fazemos do mundo (o termo alemão é *Bild*, "figura" ou "imagem"). Quando olhamos para o mundo, estamos, na verdade, representando uma ordem expressa pela linguagem; esta tem como função primordial representar o mundo. Se uma proposição da linguagem (o conteúdo que uma frase expressa em qualquer forma de linguagem) não cumpre essa função de representar o mundo, ela não tem sentido.

As palavras, quando concatenadas ou ligadas de forma lógica, representam o que pode existir ou não. Assim, só quando uma proposição espelha uma situação possível no mundo é que ela tem sentido. Por isso, os problemas da Filosofia clássica (por exemplo, a existência de Deus, do sujeito e tudo o que tem um caráter metafísico) perdem seu estatuto de "conhecimento", porque a linguagem não pode representar tais objetos no mundo. Assim, não podemos olhar para a proposição "Deus existe" e achar que podemos decidir se ela é verdadeira ou falsa (ou seja, se tem sentido), assim como podemos analisar a proposição "A água ferve a 100 graus" e ter certeza de que ela tem sentido porque pode ser verdadeira ou falsa. Diferentemente das proposições da ciência, as proposições da Filosofia não podem ser verdadeiras ou falsas, e, por isso, elas não têm sentido. Ou ainda, de forma mais precisa, as proposições da Filosofia expressam um contrassenso decorrente da má compreensão da função representativa da linguagem.

Na linguagem repousa o limite do conhecimento. O sujeito do conhecimento não é mais a alma ou a consciência. Ele passa, agora, a ser considerado "metafísico", segundo Wittgenstein, porque não é uma coisa ou a propriedade de uma coisa. Ele é apenas uma linha que não tem um lugar definido, mas que define o "lugar" em que qualquer pensamento pode ocorrer: a linguagem. O sujeito do conhecimento funciona como um meridiano (linha metafísica ou imaginária) que delimita o espaço "onde" ocorrem os fenômenos do mundo, sem pertencer, contudo, ao mundo. Portanto, para Wittgenstein, o sujeito do conhecimento é a fronteira que dá limite ao mundo. É o próprio limite, porque a representação que fazemos do mundo é relativa aos seres humanos ou à lógica própria à linguagem humana. Em outros termos, toda realidade representada pela linguagem tem como referencial o homem. Por isso, ele é o limite do mundo.

Mas a linguagem seria apenas uma representação lógica do mundo? O sujeito do conhecimento teria chegado ao fim quando foi tomado apenas como um limite da linguagem?

## 2. Linguagem e formas de vida: a inevitável diversidade do sujeito do conhecimento

A redução da linguagem à sua função de representar logicamente o mundo deixou de fora outros usos que fazemos da linguagem. O próprio Wittgenstein reconhece isso no início de suas *Investigações filosóficas*. Nessa perspectiva, ele tece uma crítica ao autor do *Tractatus* (ele mesmo!, ou, como dizem os estudiosos, o "primeiro Wittgenstein"), visando mostrar os diferentes usos que fazemos da linguagem. A linguagem não representa apenas estados de coisas ou situações em que se encontram objetos dispostos no mundo sob uma armação lógica. Usamos também a linguagem para nos referir às nossas ações que ocorrem num contexto determinado.

A conexão essencial entre a linguagem e o modo como agimos mostra que o sentido de uma proposição não está na própria proposição. Não podemos olhar uma proposição como, por exemplo, "A manga está pequena" e saber apenas por meio de uma análise lógica dos termos que a constituem o que ela quer dizer ou representar. Não sabemos ao certo se essa proposição se refere à fruta ou à parte do tecido que compõe as nossas camisas. Contudo, se o contexto em que aquela proposição ocorre é um encontro de degustação de frutas tropicais, e no qual todos os membros do júri estão de camiseta, seguramente estamos falando da manga como fruta. Assim, quem pode decidir o significado de uma proposição não é a linguagem como um espelho do mundo, mas o contexto em que fazemos uso da linguagem.

A análise da proposição não é, portanto, suficiente para compreender o que ela quer dizer. É preciso compreender o contexto em que ela ocorre. No contexto de uma construção, por exemplo, pode-se ter um jogo de linguagem em que quatro palavras sejam suficientes para a realização da própria construção: viga, bloco, laje e cimento. Assim, um mestre de obras, após estar de posse de uma viga e de um bloco, pode gritar para o pedreiro: "Laje!" Depois, ele pode gritar: "Cimento!" O pedreiro imediatamente lhe dará aqueles objetos. Ora, sem fazer nenhuma análise lógica da proposição, aquelas pessoas conseguem estabelecer comunicação. O modo pelo qual elas comunicam está enraizado na "forma de vida" em que estão inseridas, isto é, na prática que as fez estar condicionadas a corresponder automaticamente àqueles comandos. Trata-se, no presente caso, de uma linguagem instituída no horizonte da prática e para a qual não é necessária sequer uma sintaxe.

Nessa perspectiva, a linguagem depende do que Wittgenstein chamou de "formas de vida", pois é a situação em que estamos num contexto cultural, histórico e social que nos permite confirmar ou infirmar o correto uso da linguagem. Por isso, Wittgenstein dirá que as regras que regulam o uso da linguagem não podem ser estabelecidas *a priori*, como se a lógica ou a sintaxe das proposições pudesse explicar de modo absoluto o significado de cada proposição. As regras que regulam a linguagem são instituídas socialmente e de forma dinâmica, variando de contexto para contexto. A linguagem não está imunizada em relação ao tempo. Pelo contrário, ela acompanha o tempo e se modifica com ele.

As regras que, por exemplo, regulamentam o comportamento das pessoas num velório determinam a compreensão que temos das proposições empregadas naquele contexto. Uma pessoa que jamais vivenciou uma cerimônia fúnebre não poderá saber que o uso do preto significa luto e que desejar os pêsames a alguém é compadecer-se do seu sofrimento. Sem um aprendizado das regras que ditam o comportamento das pessoas, não é possível compreender a linguagem ou "jogar" com as palavras num certo contexto. Compreender uma língua passa a ser, diz Wittgenstein, "dominar uma técnica".

Para dominar uma linguagem, requer-se, é bem verdade, destreza na técnica da manipulação dos símbolos que a compõem. Com efeito, como saber o critério para julgar o domínio daquela técnica? Aliás, como saber quando nós dominamos alguma técnica? Quando sabemos que estamos num mesmo "jogo de linguagem" que outras pessoas?

Para Wittgenstein, nosso comportamento é um dos maiores indícios de que estamos seguindo uma regra. Ou seja, é jogando ou praticando uma regra que mostro que a estou seguindo. Como eu poderia provar para alguém (inclusive para mim mesmo) que sei jogar xadrez? Jogando! A prática é a única garantia de que dominamos uma regra e de que jogamos um jogo de linguagem.

A linguagem requer um componente social que se manifesta de dois modos. Por um lado, a linguagem é uma prática pública ou se refere a algo que pode ser partilhado por qualquer pessoa. Por outro lado, a linguagem encerra sempre uma dimensão social, pois as práticas e critérios para saber se alguém está seguindo uma regra são instituídos socialmente e acessíveis a qualquer pessoa.

Desse modo, eu não posso criar uma linguagem à qual apenas eu tenha acesso, pois sempre vou recorrer a códigos e regras que foram instituídos socialmente. Eu não poderia, por exemplo, criar uma linguagem que tipificasse de forma absolutamente individual a minha dor, pois isso exigiria de mim um critério para identificar a dor que não tivesse nenhuma conotação social. Com efeito, para saber se eu mesmo estou com dor, é preciso que eu identifique o comportamento de estar com dor usando a palavra "dor". Todavia, a palavra "dor" não se refere exclusivamente à minha dor, mas ao comportamento no qual fui moldado socialmente a identificar a dor.

O aprendizado social da linguagem elimina a possibilidade de alguém construir uma linguagem acessível apenas a si mesmo ou privada, pois, para saber que estou com dor, é preciso dominar a gramática (regras de uso da linguagem) da palavra "dor", socialmente instituída para se referir a certo comportamento reconhecido socialmente como relativo à dor. Quando sei empregar o predicado "dor" para identificar o que estou sentindo, é porque estou inserido num grupo no qual foram instituídas regras para identificar a dor a certo comportamento. Não existe, desse modo, um padrão individual e único para a dor ou para qualquer outra manifestação humana. Se as pessoas têm graus diferentes de tolerância à dor, isso não tem nenhuma relevância para o uso social do termo "dor". Em suma, o significado dos termos não depende do indivíduo, mas de uma forma de vida.

Essa compreensão dinâmica e pública da linguagem impede que se crie um sujeito à margem do mundo. O sujeito do conhecimento, isolado absolutamente e responsável pelo conhecimento, perderia seu sentido com as *Investigações filosóficas,* pois seria na dinâmica da linguagem que se institui o significado dos termos que conferem sentido ao nosso conhecimento. Assim, não seria coerente procurar um único e invariável sujeito do conhecimento (seja ele apenas um limite da linguagem ou uma consciência), pois o termo "sujeito do conhecimento" só faz sentido no interior de um jogo de linguagem. Por conseguinte, podemos falar do sujeito do conhecimento histórico, biológico etc., tendo em mente que a compreensão desses termos sempre requer um contexto que nunca é fixo. Com Wittgenstein, o sujeito do conhecimento é dissolvido por não ser mais a expressão de um único modo de compreender o mundo, mas a expressão da própria diversidade da linguagem. O sonho de um padrão ou modelo para explicar todo o conhecimento é posto em xeque pelo caráter dinâmico da linguagem.

## 6. Conclusão
Existe um sujeito do conhecimento?

No término dessa breve e intensa caminhada pela história da Filosofia, conhecemos vários argumentos e soluções que atestam a perenidade da questão relativa ao conhecimento humano e seu sujeito. Com Descartes, aprendemos que o centro do conhecimento não gravita em torno do objeto, mas em torno do sujeito que se dirige aos mais diversos objetos. Essa convicção cartesiana animou vários filósofos e difundiu a tese de que uma reflexão intelectual seria capaz de provar que existimos e que podemos estabelecer os limites do que podemos conhecer. A reação à postura idealista cartesiana não tardou, e com os empiristas aprendemos que o sujeito não é tanto uma unidade racional, mas um feixe de diversas e nem sempre padronizáveis impressões.

O abalo que a noção de sujeito do conhecimento sofreu com a ressalva empirista esperou a filosofia kantiana para ser ultrapassado. Com Kant, o sujeito do conhecimento passou a ser uma reunião de duas faculdades fundamentais: sensibilidade e entendimento. Essas faculdades seriam ligadas pela imaginação transcendental, que seria responsável pela construção de esquemas (regras) que permitem a identificação conceitual dos objetos. Em suma, com Kant o idealismo avança no terreno do empirismo para tornar a própria sensibilidade uma condição ideal ou uma intuição *a priori*.

A negociação com o empirismo aproximou, segundo Husserl, a filosofia transcendental kantiana da Psicologia empírica. Nesse sentido, vimos que, para trazer o sujeito do conhecimento de volta à seara filosófica, Husserl introduziu o método fenomenológico. Esse método definiu a tarefa filosófica em termos de análise do conteúdo imanente à consciência. Com esse direcionamento para a consciência, Husserl apresentou o caráter intencional da consciência como o elemento constituinte do sentido de qualquer experiência.

Nossa aventura chegou ao fim com um breve percurso pela obra de Wittgenstein. A linguagem – seus limites e sua estrutura lógica – configura um sujeito do conhecimento sem densidade ontológica, ou seja, o sujeito do conhecimento passa a não ser nem o entendimento nem a consciência, mas apenas o limite formal e lógico da linguagem. A mudança que Wittgenstein operou na filosofia da linguagem, quando pensou que o sentido das proposições não está amparado por uma estrutura lógica mas por uma dimensão pragmática (inscrita no uso que fazemos da linguagem), levou a uma relativização do sujeito do conhecimento. Ele agora estava multifacetado em vários sujeitos: histórico, biológico, psicológico etc.

De Descartes a Wittgenstein, a história da Filosofia apresentou diferentes modos de se pensar o sujeito do conhecimento e, com o sujeito, os próprios limites do conhecimento humano. Se uma resposta definitiva para o problema do conhecimento não foi possível até agora, talvez seja porque os limites do conhecimento e o conhecimento mesmo coincidem com a marca própria da condição humana: seu inacabamento.

# OUVINDO OS TEXTOS

**Texto 1. René Descartes (1596-1650),** *Mesmo que eu me engane, eu existo*

Mas, há um Deus enganador, não sei quem, sumamente poderoso, sumamente astucioso que, por indústria, sempre me engana. Não há dúvida, portanto, de que eu sou, também, se me engana: que me engane o quanto possa, nunca poderá fazer com que nada seja, enquanto eu pensar que sou algo. De sorte que, depois de ponderar e examinar cuidadosamente todas as coisas é permitido estabelecer, finalmente, que este enunciado "eu sou, eu existo" é necessariamente verdadeiro, todas as vezes que é por mim proferido ou concebido na mente.

> DESCARTES, R. *Meditações*. Trad. Fausto Castilho.
> Campinas: Unicamp, 2000, 2ª Meditação, §4.

## Texto 2. Immanuel Kant (1724-1804), *A intuição e o "eu penso"*

O "eu penso" deve "poder" acompanhar todas as minhas representações; se assim não fosse, algo se representaria em mim, que não poderia, de modo algum, ser pensado, que o mesmo é dizer que a representação ou seria impossível ou pelo menos nada seria para mim. A representação, que pode ser dada antes de qualquer pensamento, chama-se "intuição". Portanto, todo o diverso da intuição possui relação necessária ao "eu penso", no mesmo sujeito em que esse diverso se encontra.

KANT, I. *Crítica da razão pura*. Trad. M. P. dos Santos e A. F. Morujão. Lisboa: Calouste Gulbenkian, 2001, p.131.

## Texto 3. Edmund Husserl (1859-1938), *A epoché como redução fenomenológica fundamental*

Por consequência, o fato da existência natural do mundo – do mundo acerca do qual eu possa falar – pressupõe, como uma existência em si anterior, a do *ego* (eu) puro e das suas *cogitationes* (cogitações). O domínio da existência natural tem apenas uma autoridade de segunda ordem e pressupõe sempre o domínio transcendental. É por isso que a diligência fenomenológica fundamental, quer dizer a *epoché* (suspensão) transcendental, na medida em que nos conduz a este domínio original, se chama redução fenomenológica transcendental.

> HUSSERL, E. *Meditações cartesianas*. Trad. Maria G. Lopes e Souza. Porto: Res, 2001, p. 34.

## Texto 4. Ludwig Wittgenstein (1889-1951), *Os limites da minha linguagem são os limites do meu mundo*

Que o mundo é o "meu" mundo revela-se no fato de os limites da linguagem (da linguagem que apenas eu compreendo) significarem os limites do "meu" mundo.

> WITTGENSTEIN, L. *Tractatus logico-philosophicus* (Aforismo 5.62). Trad. Luiz Henrique Lopes dos Santos. São Paulo: Edusp, 1994, p. 245.

# EXERCITANDO A REFLEXÃO

## 1. Analisando textos

**1.1.** Por que, de acordo com o texto 1, podemos ter certeza absoluta de que existimos, mesmo quando colocamos em dúvida a nossa própria existência?

**1.2.** Por que Kant, de acordo com o texto 2, acredita que o "eu penso" deve acompanhar todas as representações que fazemos do mundo?

**1.3.** Compare os textos de Descartes e Kant (textos 1 e 2) e explique em que medida o "eu penso" é um elemento necessário para o conhecimento humano.

**1.4.** Por que, de acordo com o texto 3, seria equivocado falar simplesmente da existência natural do mundo para a mente, ou, em outras palavras, pretender que podemos conhecer o mundo como um objeto simplesmente posto diante de nós?

**1.5.** De acordo com o texto 4, de que maneira o meu mundo revela-se como "meu" mundo?

## 2. Algumas questões para você compreender melhor o tema

**2.1.** Qual é a grande crítica do empirismo ao sujeito do conhecimento proposto por Descartes?

**2.2.** Em que medida o pensamento de Kant procura conciliar o idealismo cartesiano com o empirismo de Hume? E, ainda, em que termos essa conciliação ocorre?

**2.3.** É possível afirmar que Husserl rompe definitivamente com o *cogito* cartesiano ao introduzir o método fenomenológico?

**2.4.** Qual é o objetivo de Husserl ao propor uma suspensão (*epoché*) do conhecimento perceptivo e natural?

**2.5.** O que Wittgenstein quer dizer quando afirma que os limites da minha linguagem coincidem com os limites do meu mundo? Ou ainda, em que medida a linguagem limita o meu mundo?

**2.6.** Num segundo momento de sua obra, Wittgenstein pretende dissolver o sujeito do conhecimento em diversos e diferentes níveis da linguagem. Qual é a estratégia que ele utiliza para contradizer a ideia de que um único sujeito do conhecimento poderia explicar todo conhecimento?

**2.7.** Concluindo nosso estudo sobre o sujeito do conhecimento, reflita sobre as diferentes concepções aqui apresentadas, levando em consideração a diferença entre os filósofos modernos e contemporâneos.

## 3. Algumas questões abertas para você refletir

**3.1.** Por que temos necessidade de estabelecer os limites do conhecimento?

**3.2.** A Natureza seria capaz de impor algum limite ao conhecimento humano?

**3.3.** Em que medida os limites do conhecimento humano poderiam indicar os limites da condição humana?

**3.4.** O sujeito do conhecimento pode ser completamente conhecido, de tal modo que se poderia ter um domínio completo sobre todas as variáveis que compõem a condição humana?

**3.5.** Qual das posições filosóficas tratadas no presente livro você considera a mais coerente e a mais convincente? Por quê?

# DICAS DE VIAGEM

Para você continuar sua viagem pelo tema do sujeito do conhecimento, sugerimos:

**1.** Assista aos seguintes filmes, tendo em mente as reflexões que fizemos neste livro:
   **1.1.** *Johnny vai à guerra* (*Johnny Got his Gun*), direção de Dalton Trumbo, EUA, 1971.
   **1.2.** *Persona*, direção de Ingmar Bergman, Suécia, 1966.
   **1.3.** *Matrix*, direção dos irmãos Wachowski, EUA, 1999.
   **1.4.** *2001, uma odisseia no espaço* (*2001: a Space Odyssey*), direção de Stanley Kubrick, EUA, 1968.
   **1.5.** *Solaris* (*Solyaris*), direção de Andrei A. Tarkovsky, Rússia, 1972.
   **1.6.** *Verão na cidade* (*Summer in the City*), direção de Wim Wenders, Alemanha, 1970.

**1.7.** *Cartesius*, direção de Roberto Rossellini, Itália, 1974 (filme sobre a vida de René Descartes).

**1.8.** *Wittgenstein*, direção de Derek Jarman, Inglaterra, 1993 (filme sobre a vida de Ludwig Wittgenstein).

**1.9.** *Santo Agostinho* (*Agostino d'Ippona*), direção de Roberto Rossellini, Itália, 1972 (filme sobre a vida de Santo Agostinho).

**2.** Algumas obras literárias para ilustrar nossa reflexão:

BORGES, J. *Ficções*. Trad. David Arrigucci Júnior. São Paulo: Companhia das Letras, 2007.

PROUST, M. *Em busca do tempo perdido*. Obra em vários volumes; sugerimos especialmente o volume 1 e o volume 5, respectivamente: *No caminho de Swann*, trad. Mario Quintana, São Paulo: Globo; e *O tempo redescoberto*, trad. Lúcia Miguel Pereira. Várias edições.

SHAKESPEARE, W. *Hamlet*. Trad. Millôr Fernandes. Porto Alegre: L&PM Pocket, 1997.

**3.** Leia o seguinte poema de Carlos Drummond de Andrade e reflita sobre os limites do sujeito do conhecimento:

## O HOMEM; AS VIAGENS

O homem, bicho da Terra tão pequeno
Chateia-se na Terra
Lugar de muita miséria e pouca diversão,
Faz um foguete, uma cápsula, um módulo
Toca para a Lua
Desce cauteloso na Lua
Pisa na Lua
Planta bandeirola na Lua
Experimenta a Lua
Coloniza a Lua
Civiliza a Lua
Humaniza a Lua.
Lua humanizada: tão igual à Terra.
O homem chateia-se na Lua.
Vamos para Marte – ordena a suas máquinas.
Elas obedecem, o homem desce em Marte
Pisa em Marte
Experimenta
Coloniza
Civiliza
Humaniza Marte com engenho e arte.
Marte humanizado, que lugar quadrado.

Vamos a outra parte?
Claro – diz o engenho
Sofisticado e dócil.
Vamos a Vênus.
O homem põe o pé em Vênus,
Vê o visto – é isto?
Idem
Idem
Idem.
O homem funde a cuca se não for a Júpiter
Proclamar justiça junto com injustiça
Repetir a fossa
Repetir o inquieto
Repetitório.
Outros planetas restam para outras colônias.
O espaço todo vira terra-a-terra.
O homem chega ao Sol ou dá uma volta
Só para te ver?
Não-vê que ele inventa
Roupa insiderável de viver no Sol.
Põe o pé e:
Mas que chato é o Sol, falso touro
Espanhol domado.
Restam outros sistemas fora

Do solar a col-
Onizar.
Ao acabarem todos
Só resta ao homem
(estará equipado?)
A dificílima dangerosíssima viagem
De si a si mesmo:
Pôr o pé no chão
Do seu coração
Experimentar
Colonizar
Civilizar
Humanizar
O homem
Descobrindo em suas próprias inexploradas entranhas
A perene, insuspeitada alegria
De con-viver.

Carlos Drummond de Andrade, "O homem; as viagens".
In: *As impurezas do branco*. Rio de Janeiro: Record, 1973.
Carlos Drummond de Andrade © Graña Drummond
www.carlosdrummond.com.br

# LEITURAS RECOMENDADAS

As obras em que fundamentamos a reflexão feita neste livro são:

DESCARTES, René. *Meditações*. Trad. Fausto Castilho. Campinas: Unicamp, 2000.
*Nessa obra, Descartes inaugura o tema moderno do sujeito do conhecimento, introduzindo a tese de que todas as representações que fazemos do mundo dependem da consciência.*

KANT, I. *Crítica da razão pura*. Trad. Manuela P. dos Santos e Alexandre F. Morujão. Lisboa: Calouste Gulbenkian, 2001.
*Essa obra apresenta as principais reflexões kantianas sobre os limites do conhecimento humano e propõe uma refundação daquilo que tradicionalmente se chamava de ciência metafísica.*

HUSSERL, E. *Meditações cartesianas*. Trad. Maria G. Lopes e Souza. Porto: Res, 2001.

*Conjunto de conferências ministradas por Husserl na Sorbonne em 1929. Nelas, o autor apresenta as divergências e convergências da fenomenologia em relação ao legado cartesiano.*

WITTGENSTEIN, L. *Tractatus logico-philosophicus*. Trad. Luiz Henrique Lopes dos Santos. São Paulo: Edusp, 1994.
*Com esse texto Wittgenstein propõe uma reviravolta na pesquisa filosófica, ao acentuar a função primordial da linguagem na constituição dos limites do conhecimento.*

——— . *Investigações filosóficas*. Trad. José Carlos Bruni. São Paulo: Nova Cultural, 1999. Coleção "Os Pensadores".
Nessa obra Wittgenstein aponta para a compreensão pragmática da linguagem, mostrando que os diferentes usos da linguagem moldam as diferentes compreensões do sujeito do conhecimento.

Sugerimos também as seguintes leituras para ampliar a reflexão sobre o tema do sujeito do conhecimento:

ALTOE, S. *Sujeito do direito, sujeito do desejo*. Rio de Janeiro: Revinter, 2010.
*Correlacionando Psicanálise e Direito, a autora debate temas como a humanização, a transmissão da lei etc.*

DE LIBERA, A. *Arqueologia do sujeito*. Trad. Fátima Conceição Murad. São Paulo: Unifesp, 2012.

*Obra de rica erudição em que o pensador francês Alain de Libera opera uma "arqueologia" do sujeito, quer dizer, uma pesquisa histórico-filosófica que procura identificar, no pensamento ocidental, os elementos que antecipam a noção de "sujeito", classicamente atribuída a Descartes. O projeto do autor é escrever quatro volumes. Em francês, já foram publicados dois. No Brasil, contamos com a tradução do volume 1, cujo subtítulo é "Nascimento do sujeito".*

FOUCAULT, M. *A hermenêutica do sujeito*. Trad. M. Alves da Fonseca e S. Tannus Muchail. São Paulo: WMF Martins Fontes, 2010.

*Baseando-se em estudos do pensamento antigo e centrando-se na noção de "cuidado-de-si", Foucault discute a noção moderna de sujeito e aponta para sua precariedade.*

GILBERT, P. & LENNON, K. *O mundo, a carne, o sujeito – Temas europeus na filosofia da mente e do corpo*. Trad. Luiz Carlos Borges. São Paulo: Loyola, 2010.

*Os autores buscam uma forma de fazer dialogar a tradição clássica da Filosofia com a tendência centrada na linguagem, para rejeitar o costume anglo-saxão de re-*

*duzir os fenômenos mentais a processos químico-físicos e propor um modelo naturalista em que a vida mental é apresentada como obra de um sujeito corporificado.*

GRECO, J. & SOSA, E. (orgs.). *Compêndio de epistemologia.* Trad. Alessandra Siedschlag Fernandes e Rogério Bettonio. São Paulo: Loyola, 2008.

*Coletânea de artigos escritos por filósofos contemporâneos sobre epistemologia e seus desdobramentos atuais.*

JULIANO, E. *O conceito de sujeito.* Rio de Janeiro: Zahar, 2004.

*Obra introdutória ao estudo do conceito de sujeito.*

MACHADO, A. *O sujeito na tela.* São Paulo: Paulus, 2007.

*O autor defende a tese de que, entre 1970 e 1985, o pensamento crítico identificou no cinema algo como uma teoria da subjetividade. A partir das novas formas de audiovisual (computador, videogames etc.), essa maneira de pensar e fazer cinema teria entrado em crise.*

MEDINA, J. *Linguagem – Conceitos-chave em filosofia.* Trad. Fernando J. R. da Rocha. Porto Alegre: Artmed, 2007.

*Nesse livro o autor recupera as principais discussões contemporâneas sobre o problema da linguagem e do conhecimento.*

NORRIS, C. *Epistemologia – Conceitos-chave em filosofia.* Trad. Felipe Rangel Elizalde. Porto Alegre: Artmed, 2007.

*Nessa obra é possível encontrar os principais temas da*

*epistemologia contemporânea, ligados, sobretudo, ao problema da linguagem.*

OGDEN, T. H. *Os sujeitos da psicanálise*. Trad. Claudia Berliner. São Paulo: Casa do Psicólogo, 1996.

*Obra para o estudo das maneiras como a psicanálise apropria-se da noção de sujeito e a reelabora. Em cada capítulo o autor estuda uma concepção de psicanálise como inter-relação entre analista e analisando, na construção de um "novo" sujeito.*

ORTEGA Y GASSET, J. *A desumanização da arte*. Trad. Ricardo Araújo. São Paulo: Cortez, 2005.

*O filósofo espanhol mergulha numa análise da arte contemporânea por meio do debate em torno do tema da desaparição do sujeito da obra de arte e da intranscendência do humano.*

SANTO AGOSTINHO. *Confissões*. Trad. Maria L. J. Amarante. São Paulo: Paulus, 1984.

*Obra clássica do pensamento ocidental, em que Agostinho narra sua trajetória existencial e filosófica, descobrindo a interioridade humana como sede de nossas operações cognitivas e volitivas.*

SANTO AGOSTINHO. *Diálogo sobre o livre-arbítrio*. Vários tradutores. Lisboa: Imprensa Nacional, 2001.

*Obra clássica do pensamento ocidental e indispensável para os estudos da interioridade. Nela, encontra-se um argumento muito semelhante ao de René Descartes, a ponto de se falar de um* cogito *agostiniano.*

TUROLLO GARCIA, J. *Edith Stein e a formação da pessoa humana*. São Paulo: Loyola, 1989.

*Obra introdutória ao pensamento de Edith Stein, com o interesse de apresentar o modo como essa discípula de Edmund Husserl tratou o tema da empatia. Esse tema aparece na obra de Goethe, por exemplo, e foi tratado rapidamente por Husserl. A contribuição de Edith Stein foi desenvolvê-lo, mostrando a especificidade da operação mental pela qual um ser humano é capaz de captar os estados de espírito de outro ser humano. Para os que desejarem ler a obra da própria filósofa em torno do tema, há a tradução espanhola:* Sobre el problema de la empatia. *Trad. José Luis Caballero Bono. Madri: Trotta, 2004.*